Guide des Porte-Bonheur

ISBN 2-7339-0854-5

98 rue de Vaugirard
75006 Paris
Tél. : 01 42 22 64 80
Fax : 01 45 48 25 03
Collection dirigée par Ph. Grancher
www.grancher.com
grancher@worldonline.fr

Catherine Juillerat

Guide des Porte-Bonheur

D'après les recherches de
l'Institut William Mac-Garish

Illustrations : Valérie Franc

GRANCHER
98, RUE DE VAUGIRARD
75006 - PARIS

SOMMAIRE

PETITE HISTOIRE DE L'INSTITUT

En 1910, l'homme d'affaires anglais William Mac-Garish fonda un institut chargé d'étudier les différents porte-bonheur en usage en Europe.

Pour Mac-Garish, l'efficacité des porte-bonheur ne faisait aucun doute. Il portait depuis sa naissance un sou percé autour du cou et pour rien au monde il n'aurait accepté de s'en séparer.

Né en 1866, fils unique d'une employée des Postes Britanniques et d'un bouquiniste, Mac-Garish avait peu fréquenté l'école. Employé à la distribution du courrier dès 14 ans à la banque Starel de Rochester, il devint à 19 ans le plus jeune chargé d'affaires de la ville. Deux ans plus tard, il quittait la banque et une situation confortable pour s'installer à Londres.

Homme d'intuition et de panache, il parvint à saisir les occasions lorsqu'elles se présentèrent à lui. Persuadé que le monde était ce qu'on en faisait, il se méfiait des grands principes et des opinions toutes faites. Pour lui, les affaires participaient du simple bon sens et de l'évidence. Or, si nombre de ses pairs en convenaient, rares étaient ceux qui appliquaient ce précepte avec constance.

Farouche célibataire, il excellait paradoxalement à faire travailler les gens ensemble et son affaire de négoce international ne tarda pas à prospérer.

Afin de mener à bien ses recherches il contacta des chercheurs dans toute l'Europe. En 1912, six personnes étaient employées à plein temps par l'Institut et les rapports, témoignages et objets divers arrivaient régulièrement des principales villes européennes.

L'objectif de Mac-Garish était simple et généreux. Lorsque l'efficacité de certains objets, porte-bonheur, amulettes et talismans serait indubitablement établie par l'Institut, il publierait le résultat de ses recherches dans le monde entier, ceci afin d'en alléger les malheurs.

Dans la communauté scientifique, la majorité restait sceptique, n'hésitant pas à traiter de charlatans Mac-Garish et ses chercheurs. Mais à l'Institut, les travaux avançaient et la fortune de Mac-Garish ne faisait que croître. Dans la presse, les réactions étaient également mitigées. On parla tout d'abord de superstitions, de légendes et de contes de fées... Néanmoins, quelques journalistes autorisés à visiter l'Institut firent paraître des articles très élogieux.

Le 2 avril 1914 au petit matin, un formidable incendie détruisit les locaux de l'Institut. Aucune victime ne fut à déplorer, mais l'ensemble des objets, rapports et documents stockés sur le site furent détruits.

Le 25 mai 1914 vers midi, un petit avion qui avait décollé de l'aéroport de Londres disparut au large de Portsmouth. On ne retrouva ni l'aéroplane, ni le pilote qui n'était autre que Mac-Garish. Cinq ans plus tard, considéré comme mort et faute d'héritier, ses biens furent vendus par le Trésor Britannique. Sa disparition mit définitivement fin aux travaux de l'Institut et les employés du centre de recherche se dispersèrent en toute discrétion.

Quelques années plus tard, un journal effectua une enquête sur William Mac-Garish. Cathy Love, une jeune journaliste, fut chargée d'interroger les anciens membres de l'Institut. Après trois mois d'une enquête a priori infructueuse, elle adressa sa démission au directeur du journal qui décida de ne pas donner suite aux investigations.

Le 27 août 2000, à l'occasion de travaux de rénovation dans l'ancienne imprimerie Boyer de Lille, on retrouva, dans les combles, un coffret en carton provenant de l'Institut Mac-Garish. À l'intérieur, se trouvaient un livret d'une centaine de pages manuscrites en français ainsi qu'un début de traduction desdits documents en anglais. La date de l'envoi, 30 mars 1914, laisse supposer que Lucien Boyer, l'ancien propriétaire, avait été chargé par l'Institut d'en traduire le contenu. Mais Boyer, mobilisé par l'Armée Française avait disparu en 1915 sur le front. Quant à Mac-Garish, décédé, il ne pouvait évidemment réclamer les documents.

Le 31 octobre 2002, le coffret fut remis à Maître Raigne. Celui-ci, après examen, effectua une longue enquête afin de reconstituer les faits exposés ci-dessus.

Le notaire, que cette histoire passionnait, conclut que le livret découvert à Reims était en fait le résultat des recherches effectuées par l'Institut sur le sol français.

Aujourd'hui, vous allez enfin pouvoir découvrir le contenu intégral du livret Mac-Garish. Nous espérons que vous saurez en tirer profit.

PRÉAMBULE

Les mystères qui président à l'avènement de la chance ont donné lieu au sein de notre Institut à l'évaluation numérique de centaines d'observations recueillies avec soin et vérifiées avec minutie.

Nous nous sommes efforcés de faire la différence entre les croyances populaires, les coutumes, les superstitions, et la réalité des faits.

La chance, en tant que telle, existe bel et bien. Elle nous entoure, nous dirige et préside à nos destinées.

Si certaines personnes ont de la chance c'est qu'elles savent, consciemment ou pas, s'en attirer les faveurs. Et, à l'évidence, les porte-bonheur participent à ce phénomène.

Afin de faciliter l'utilisation du guide, les porte-bonheur ont été classés en cinq catégories faisant chacune l'objet d'un chapitre.

LES ANIMAUX PORTE-BONHEUR

Depuis la nuit des temps, l'homme a admiré et envié les qualités des animaux qui l'entouraient. À défaut de voler comme l'aigle, de nager comme la truite ou d'être fort comme l'ours, il a cherché à bénéficier de leurs qualités, en les invoquant ou en les reproduisant sous formes d'images ou d'objets. De l'Antiquité, nous restent par exemple des animaux en os, en pierre et en ivoire et des images réalisées à même la pierre ou sur des coquillages. Du Moyen-Âge, on trouve dans nos musées de multiples représentations d'animaux en cuivre, en bronze et en fer. Ce sont là les origines des porte-bonheur.

Avec le temps et l'influence grandissante de la religion, l'homme a peu à peu cessé de les invoquer, mais dans toute la France, nos contemporains aiment encore à s'entourer de leurs animaux porte-bonheur sous formes d'images, d'objets ou des animaux eux-mêmes.

Dans nos villes, il est une pratique qui n'est pas sans rappeler ces usages: certaines associations sportives possèdent un animal porte-bonheur, communément appelé « mascotte ». L'animal, qui assiste à toutes les représentations et fait partie de tous les défilés, est là pour porter chance à l'équipe. Qui ne connaît ainsi le fameux « coq gaulois » ?

Dans ces associations, avoir la charge de la mascotte est perçu comme un véritable honneur.

La liste qui suit n'est pas exhaustive. On y retrouve les animaux et les insectes les plus influents. Certains animaux domestiques sont cités en tant que tels. Attention : un animal tatoué à même la peau ne vous sera d'aucun secours. L'animal sauvage, contraint de vivre en cage ou hors de son milieu naturel, ne vous sera pas bénéfique.

L'ABEILLE

Portée en broche, en médaillon, ou imprimée sur un foulard, c'est un puissant porte-bonheur. La maison qui possède une ruche, ou qui a un nid d'abeilles dans la cheminée, se trouvera sous sa protection. Combattante héroïque, l'abeille meurt après avoir abandonné son dard dans la bataille. Incapable de vivre seule, son image est depuis fort longtemps associée à la vie en communauté. L'ouvrière, très active, est indispensable à la pollinisation des cultures. C'est un porte-bonheur qui se conjugue au féminin. Ses représentations apportent chaleur et réconfort au foyer des veuves.

L'abeille est honorée parce qu'elle travaille pour tous.

L'ARAIGNÉE

Plantée sur ses huit pattes, c'est le porte-bonheur des professions liées au bâtiment. Ses toiles font l'admiration des architectes et des maçons. Portée en breloque, elle protège des piqûres de toutes sortes. Depuis la nuit des temps, l'araignée fait peur. En France, elle est rarement dangereuse, même si ses morsures sont fort désagréables. Carnivore, elle se nourrit de petits insectes, ce qui est un sérieux avantage dans une maison : voilà en effet une seconde « maîtresse de maison » ! L'araignée vit rarement en communauté et le mâle est souvent plus petit que la femelle. C'est un porte-bonheur réservé aux femmes adultes.

Araignée du soir, espoir. Araignée du matin, chagrin.

LE CHAMEAU

Ce grand mammifère ruminant à deux bosses est parfois confondu avec son cousin le dromadaire qui n'en a qu'une. Il permet aux hommes de conserver leur vitalité. La légende dit que le chameau est capable de traverser un désert sans eau et sans nourriture. En réalité, ses bosses contiennent des réserves de graisses qui lui permettent de ne pas s'alimenter pendant plusieurs jours. Une image représentant un chameau sera toujours d'une aide précieuse : en outre, elle aidera le célibataire à trouver l'âme sœur.

Ce que pense le chameau n'est pas dans la tête du chamelier...

LE CHAT

Croisé dans la rue, c'est un mauvais présage si son pelage est noir, mais si vous lui faites une place sous votre toit il vous protégera des rats et des souris, quelle que soit sa couleur. Porté en breloque ou en bijou, il protège des trahisons.

Doué d'une excellente mémoire, le chat qui dort sous votre toit appréciera vos amis et éloignera vos ennemis. Croyez en son jugement !

Chasseur solitaire, il est le compagnon de l'homme depuis l'époque des Pharaons. Si votre chat refuse de goûter ce qui vous est destiné, nous ne saurions trop vous conseiller de ne point y toucher.

LE CHEVAL

Monture ou bête de trait, lorsque vous rencontrez un cheval blanc, mieux vaut croiser les doigts et ne point le monter. Évitez soigneusement le regard du cheval qui tire le corbillard, de peur qu'il ne vous prête trop attention. À l'âge de pierre, les chevaux servaient de nourriture à nos ancêtres et ils furent menacés de disparition. Plus tard, devenu notre compagnon, le cheval se propagea partout où l'homme mit le pied. La tradition veut que ce soit notre plus belle conquête. Ses représentations en image ou en photo apportent calme et sérénité au foyer. Frapper un cheval sans raison ne porte pas bonheur.

Le coup de pied du cheval paisible fait très mal.

LE CHIEN

Porté en breloque, il vous protégera des morsures des bêtes enragées. Le chien a toujours été le compagnon de l'homme. Sous votre toit, il éloignera les indésirables. Le chien noir a mauvaise réputation car il fait penser au diable, mais vous constaterez que ce sont les mauvais maîtres qui font les mauvais chiens et non l'inverse. Gardien du foyer, il s'amuse avec les enfants et accompagne son maître à la chasse. À la ferme, un chien attaché sera malheureux.

Si vous avez un chien chez vous, n'aboyez pas... Ce qui veut dire qu'il faut garder votre sérénité.

LA COCCINELLE

La bête à bon Dieu est un petit insecte coléoptère très répandu. Indispensable pour débarrasser le jardin des pucerons, c'est aussi un porte-bonheur sans égal lorsqu'il est porté en broche ou en breloque. En France, on connaît surtout la coccinelle à 7 points. Mais il existe des variétés à 2, 4, 9 et 11 points. En hiver, elle se repose dans les greniers et à l'abri des pots de fleurs. Vous aurez de la chance jusqu'au coucher du soleil lorsqu'une coccinelle se posera sur vous par inadvertance. Il fera beau dimanche si elle s'envole après qu'on le lui ait demandé.

LE COCHON

Ses représentations, sous quelque forme que ce soit, vous assureront le couvert.

Présent dans la France entière il a l'avantage de transformer les déchets ménagers en viande appétissante. Comme l'animal consomme tous les aliments, il n'est pas de ferme qui n'en possède point. L'abattage du cochon est une fête à laquelle participent voisins et amis et qui se termine par un bon repas. Posséder des cochons est considéré comme un signe de richesse car c'est la garantie de manger longtemps à sa faim.

Nourrissez un porcelet, vous aurez un cochon.

LE COQ

Ce gallinacé permet aux hommes de garder leur vitalité. En France, le coq est un animal fétiche depuis l'époque des Gaulois. Maître de la basse-cour, il y règne sans partage. En cas d'attaque, il tient tête aux prédateurs au péril de sa vie. Les combats de coq sont très violents. C'est le symbole de la fécondité car sans coq, les œufs seront stériles. À défaut de posséder un coq, il est vivement conseillé de posséder son image ou un objet le représentant sous son toit. Excellent réveil-matin, il vous réveillera à l'aube, été comme hiver.

Le coq beau parleur chante dès qu'il sort de l'œuf.

LA DENT D'OURS

La représentation de l'ours vous donnera force et sérénité si vous la portez au bras. L'ours est en voie de disparition en France. Repoussé dans les montagnes, il a la réputation d'hiberner en hiver. Aujourd'hui on croise encore des ours dans les cirques. Face à l'animal, il n'est de salut que dans la fuite. Si, par un extraordinaire hasard, vous en croisez un, ne cherchez pas refuge en hauteur, il grimpe très bien aux arbres. Sans prédateur en dehors de l'homme, il peut peser jusqu'à 800 livres. Les dents d'ours sont chères, rares et très souvent fausses.

L'ours non attaché ne danse pas.

LA DENT DE BLAIREAU

Permet d'améliorer vos chances au jeu à condition de la prélever sur un animal mort de vieillesse. Les dents de blaireau sont peu coûteuses et pourtant très efficaces. Nocturne, il repousse ses ennemis grâce à son odeur et n'est pas dangereux pour la basse-cour. Chassé pour ses poils dont on fait brosses et pinceaux, sa dent est symbole de chance et de malice. Le joueur de cartes la porte cachée autour du cou.

Trente-deux dents ne parlent jamais en vain.

LE DRAGON

Animal fantastique, fabuleux et mythique, ses représentations en bois sculpté sont rares, mais réellement efficaces pour protéger qui les regarde.

Depuis toujours attribut des guerriers, le dragon est présent sur les étendards, les armures et les boucliers. C'est le symbole de l'invincibilité. Dans l'imagerie populaire, il est souvent l'incarnation du mal et serait le gardien de secrets ancestraux. Aucun risque d'en croiser au fond d'un bois, ils ont tous disparu. Ceux qui en parlent aujourd'hui s'avèrent en général buveurs ou rêveurs.

Qui veut devenir dragon doit manger beaucoup de serpents.

L'ÉLÉPHANT

L'image ou la représentation sculptée (pendentifs, etc.) de l'éléphant est bénéfique. Sa trompe tournée vers l'intérieur diminuera vos soucis d'argent. Sa trompe tournée vers l'extérieur améliorera vos rapports avec vos proches. Sur terre, il est le plus grand mammifère connu après la baleine. À cause de sa taille et de son poids, l'éléphant adulte n'a pas de prédateur connu en dehors de l'homme, mais la chasse et l'ivoire concourent à la disparition progressive de l'espèce. En Afrique et en Asie, des éléphanteaux sont élevés avec les hommes qui s'en servent ensuite pour porter de lourdes charges.

LE HIBOU

Cet oiseau nocturne vous sera utile pour gagner les concours mal préparés. Protecteur de la ferme, il élimine rats, mulots et souris. Qui n'a pas croisé le regard d'une chouette ou d'un hibou, et ne l'a pas entendu hululer au clair de lune ne peut comprendre pourquoi cet animal pourtant inoffensif est si impressionnant. En France, le plus imposant est le grand-duc. C'est le symbole du respect entre les animaux et les hommes. Il est inutile et barbare de clouer cet oiseau sur la porte d'entrée de votre maison pour conjurer le mauvais sort.

Suivez le hibou, il vous guidera parmi les ruines.

LE LION

Grand carnassier, ses représentations mettront en fuite vos ennemis et raviront vos amis fidèles si vous les portez visiblement. Sûr de sa supériorité, cet animal royal laisse les chasseurs approcher et il est ainsi facilement abattu. La femelle n'a pas de crinière et c'est souvent elle qui chasse le gibier. Le rugissement du lion s'entend à plusieurs kilomètres à la ronde et c'est une ferme invitation à rebrousser chemin. Le lion est le symbole de la royauté triomphante associant force et pouvoir. En captivité, il n'est plus que l'ombre de lui-même.

Lion est, qui est fils de lion.

LA PATTE DE LAPIN

Acquis auprès d'un rebouteux, ce porte-bonheur vous protégera en maintes circonstances. Il est conseillé de porter la patte de lapin en poche et de la serrer dans l'adversité. Efficace à l'approche des difficultés, la patte de lapin vous sera d'une grande aide à la condition expresse de ne pas révéler son existence. C'est un porte-bonheur dit ordinaire, très répandu en campagne et peu coûteux. Pour plus de discrétion, on peut la coudre dans un petit sac de toile, mais jamais dans du cuir.

Le mauvais souhait est surtout mauvais pour celui qui le forme.

LA PLUME D'OIE

C'est un porte-bonheur puissant, si vous la portez plantée dans votre couvre-chef. Apercevoir un groupe d'oies sauvages formant un v parfait dans le ciel est un privilège qui vous autorise à faire un vœu. L'oie domestique fait naturellement partie de la basse-cour où elle est élevée pour sa chair et ses œufs. Ses plumes sont utilisées pour doubler les vêtements et réaliser des oreillers et des duvets de qualité. La plume est aussi utilisée pour l'écriture et comme ornement. L'oie sauvage est un oiseau migrateur capable de parcourir des milliers de kilomètres. La plume d'oie est symbole de satiété.

Les belles plumes font les beaux oiseaux.

LE POIL DE TIGRE

Donne force et puissance à celui qui le porte. Le tigre est un prédateur redoutable. C'est le plus grand mammifère carnivore connu. Rusé et redouté, même pour le chasseur armé, c'est un animal solitaire. Il est préférable de ne pas croiser son chemin et c'est un des félins les plus difficiles à dompter. Lorsque le tigre meurt, ses poils perdent toute influence : seuls les poils d'un tigre vivant sont un porte-bonheur.

Ce n'est pas après la mort du tigre que l'on voit ses taches.

LE SCARABÉE

Ce coléoptère à couleurs vives vous donnera courage et énergie. Porté en broche, il anime les épouses d'un grain de vive folie. Du temps des Pharaons, le scarabée était considéré comme un insecte sacré. Ses représentations trouvées dans la vallée du Nil sont remarquables. Il faut dire que deux scarabées sont rarement identiques, tant il en existe de formes et de couleurs différentes. Du fait de ses couleurs variées à l'infini, il est souvent pris comme modèle par les bijoutiers et les joailliers qui en réalisent des copies multicolores.

Le scarabée est également symbole de longue vie.

LE SCORPION

Cet arachnide venimeux porté en breloque protège contre les piqûres et la médisance. En revanche, dans la vie réelle, nous ne saurions trop vous recommander de vous en éloigner. On dit le scorpion dangereux. En fait, sa piqûre est douloureuse, mais l'animal en Europe n'est pas si terrible. Quelques fois, en soulevant une pierre, on le croise dans le sud de la France, mais il se fait rare. Ses cousins étrangers, vivant dans les pays chauds, possèdent, eux, un venin qui peut être mortel pour l'homme.

Le scorpion pique celui qui l'aide à traverser le gué.

LE SERPENT

Le serpent se mordant la queue est l'emblème de l'éternité. Sous forme de bracelet, il est très efficace, mais sera réservé aux femmes. Provoquant la peur ou l'admiration, c'est un animal sacré pour certains habitants d'Inde et d'Afrique. En France, on connaît bien la vipère et la couleuvre. La première est dangereuse et la seconde inoffensive. Le sifflement du serpent n'est pas un signe d'attaque mais un signal d'alarme et de retraite.

Le serpent change le lait en venin.

LE SINGE

Les trois singes de la sagesse vous porteront chance si vous savez les imiter en cas de problème délicat : ne rien voir, ne rien entendre, ne rien dire. Cette attitude prudente vous sauvera de bien des mauvais pas.

L'homme descend du singe disent les savants. De tout temps, l'homme a cherché à apprivoiser le singe et cet animal au cerveau remarquable cherche à nous imiter...

Un singe sous des insignes d'or reste un singe.

LA TOURTERELLE

Les petits pigeons portés par deux en breloque ou bijou, vous apporteront tendresse et fidélité dans votre couple. Symbole de la paix, la tourterelle est cousine du pigeon, mais elle est plus frêle et moins répandue. Dans nos campagnes, avoir un couple de tourterelles est parfois jugé superflu. Pourtant, si vous leur accordez l'hospitalité sans les mettre en cage, un couple de tourterelles vous apportera la stabilité affective.

Au bal des pigeons, apporte du blé.

LES VÉGÉTAUX PORTE-BONHEUR

Les végétaux porte-bonheur sont légions. Aussi, avons-nous fait le choix de ne sélectionner que les plus populaires quitte à ne point être exhaustifs.

Disponibles dans la nature, ils ont l'avantage d'être gratuits et perdent d'ailleurs une grande partie de leurs pouvoirs lorsqu'ils sont commercialisés.

Les druides, qui connaissaient parfaitement le pouvoir des plantes, ne se fiaient qu'aux variétés sauvages récoltées par leurs soins en prairies ou en forêts ou échangées avec leurs confrères.

Nous ne parlerons pas ici des plantes médicinales, vaste sujet abordé avec talent par de nombreux auteurs. Cependant, il est bon de noter que les plantes médicinales sont généralement prises sous forme de potion ou de décoction. Les plantes porte-bonheur agissent différemment, par leur influence propre, sans qu'il soit besoin de s'en enduire le corps ou de les ingérer sous quelque forme que ce soit (ce qui, dans certains cas, serait d'ailleurs très dangereux).

Contrairement aux animaux, les végétaux perdent de leur efficacité quand ils sont représentés (image, bijoux, etc.).

LE CHAMPIGNON

Les représentations de cette plante sans chlorophylle n'ont pas d'efficacité reconnue, mais la présence de champignons autour d'une maison est un présage positif. Ce ne sont que l'observation et l'expérience qui permettent de reconnaître les comestibles. L'agaric, communément appelé champignon « rose » est très répandu dans les prairies et les vergers, voire dans certains jardins citadins où l'on prendra soin de le conserver.

L'EDELWEISS

Si lors d'une randonnée sur un haut sommet des Alpes ou des Pyrénées, vous avez le bonheur de trouver un edelweiss, la chance vous accompagnera pendant plusieurs semaines. Mais si vous le cueillez, la chance vous abandonnera aussitôt. L'edelweiss brodé sur un vêtement ou peint sur une canne protège contre les forces telluriques.

La plante forcée n'a point de parfum.

LE GUI

Plante parasite des arbres mais porte-bonheur très efficace, il ne doit être ni vendu, ni acheté. Un rameau placé sous le porche d'une maison le 1er janvier porte chance toute l'année. Les couples heureux ont coutume de s'embrasser sous ses branches. Le gui présent dans les chênes est le plus efficace. Il fut, dans l'Antiquité, vénéré par les druides qui le coupaient avec des serpes en or et s'en servaient pour réaliser des recettes magiques.

Chance qui dure est toujours suspecte.

LE HENNÉ

Plante fétiche en Afrique, sa sève fournit une teinture orange pour les ongles et les cheveux. Le Henné entre dans la fabrication de nombreuses décoctions qui rendent les femmes audacieuses et conquérantes. En France, cette plante n'est pas populaire, mais elle réserve bien des surprises. Nous déconseillons toutefois l'ensemble des produits qu'il vous faudrait ingérer. Pour le reste, un essai préalable à très faible dose est souhaitable.

LE HOUX

Le houx et ses fruits rouges font partie des décorations du Nouvel An. Ses feuilles piquantes protègent des esprits malins pendant les nuits d'hiver, à la condition qu'il ait été cueilli au lever du soleil. C'est un porte-bonheur connu et apprécié dans toute la France. Les cartes où il figure peuvent être conservées comme porte-bonheur toute l'année. Ses piquants permettent de lire l'avenir grâce à la formule « un peu, beaucoup, pas du tout » appliquée à une feuille tombée à terre pendant la nuit.

Levé avec le soleil profite bien de sa journée.

LA MANDRAGORE

Plante dont la racine sert de talisman. Cueillie un soir de pleine lune, elle est très efficace. Mais il est conseillé de ne pas procéder en personne à l'arrachage. La forme quasi humaine des racines de mandragore est à l'origine de ses qualités. Elle est depuis toujours utilisée en médecine pour ses pouvoirs apaisants. La mandragore est un gage de bonne santé pour les femmes et de virilité pour les hommes, au travers de ses fruits.

La mauvaise herbe, vous devez la déraciner.

LE MUGUET

Un vrai porte-bonheur si vous l'offrez ou le recevez le premier jour de mai. Le muguet sauvage est réputé beaucoup plus efficace que celui cultivé dans son jardin ou acheté au marché. Le muguet se débusque à l'orée des bois dès le retour des beaux jours. Si des plants forestiers acceptent de refleurir dans votre jardin, c'est un gage de bonheur. Ses représentations graphiques, ou sous forme de bijoux, sont nombreuses mais totalement inefficaces.

La fleur de montagne ne céderait pas sa place à celle du jardin.

LA POMME DE PIN

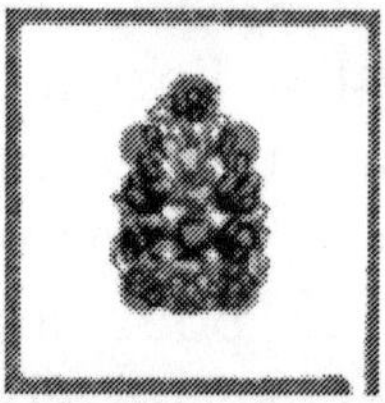

Ce fruit de l'arbre de la famille des conifères (à tronc droit et lisse) est riche en vertus.

Placée dans votre valise, la pomme de pin vous portera chance durant vos voyages, si vous la cueillez à proximité de votre demeure. Les pétales de la pomme de pin protègent la graine de l'arbre. Ses représentations favorisent en outre le désir charnel chez les hommes mûrs.

Dans un voyage, le plus long est de franchir le seuil...

LE TRÈFLE À QUATRE FEUILLES

Il vous portera chance si vous le trouvez par inadvertance, sans l'avoir cherché particulièrement. Laissez le sécher dans votre livre favori afin de l'emmener partout avec vous. Parfois considéré comme une mauvaise herbe, le trèfle à quatre feuille n'est pas si rare que l'on pense, et sa capacité à résoudre les soucis d'argent est bien réelle. C'est un porte-bonheur qui fait autorité en France. Placé dans un livre de votre bibliothèque, il reste efficace tant qu'il n'est pas abîmé. Le trèfle à cinq feuilles existe, mais ses qualités restent méconnues.

Il faut laisser quelque chose au hasard.

LES MINÉRAUX PORTE-BONHEUR

Au cours de nos recherches, nous avons mis en évidence qu'il n'y avait pas de relation entre la valeur marchande des minéraux et leurs effets bénéfiques. A contrario, le soin apporté à la réalisation des supports, bague, broche, boucle est très important. Les bijoux fabriqués avant le XXe Siècle sont particulièrement prisés dans toute la France.

Dans le commerce, l'unité de poids utilisée pour les pierres précieuses est le carat, qui vaut 0,2 gramme. Mais la valeur d'une pierre ne dépend pas uniquement de sa grosseur. La couleur, la brillance et le talent du bijoutier sont également à prendre en considération.

Afin que les minéraux gardent ou retrouvent leurs qualités, il suffit souvent de les plonger dans l'eau quelques minutes. Pour une bague, le simple fait de la conserver lorsque l'on se lave les mains est suffisant.

Le choix d'une pierre se fera par expérience, ou au gré des occasions. Cependant, le simple fait de la porter sur soi procure un surcroît de confiance, et l'assurance de prendre de bonnes décisions à toute heure.

L'AGATE

Cristal de roche poli coloré en lignes ondulées. C'est un solide porte-bonheur pour les couples mariés ou «pacsés» (et qui désirent le rester). Ce cristal favorise les contacts sincères. Inutile d'acheter des contrefaçons, leurs qualités sont nulles et ils deviennent rapidement opaques. Portée sur une bague en argent, l'agate rendra le célibataire irrésistible aux yeux de la femme de ses rêves – à la condition qu'elle ne soit point déjà compromise avec un autre prétendant.

La femme et le verre sont toujours en danger...

L'AMBRE JAUNE

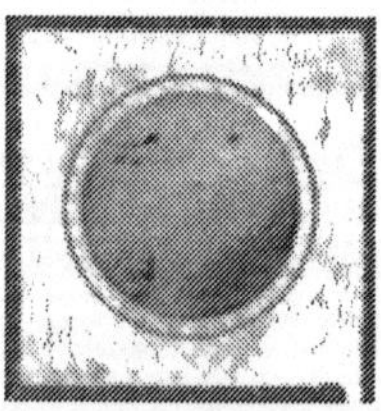

Résine fossile jaune orangée provenant de la sève d'arbres disparus depuis plusieurs millions d'années. L'ambre possède des vertus magnétiques très efficaces contre les irritations. Les bijoux à base d'ambre ont la réputation d'être fragiles, mais malgré ce travers, il en existe encore de très anciens. Les chapelets d'ambre sont légions et particulièrement bénéfiques aux hommes mariés. Les bracelets d'ambre jaune rendraient leurs vertus aux hommes et aux femmes infidèles, à condition d'être portés en permanence.

Rien n'est plus doux que le miel, sauf l'argent.

L'AMBRE VERT

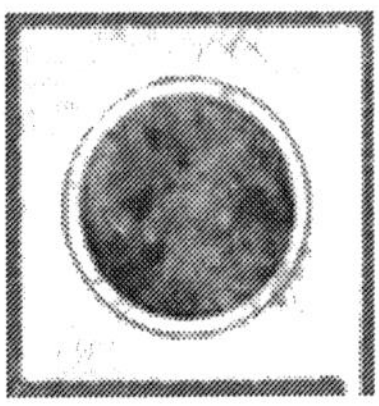

Résine fossile verte, similaire à l'ambre jaune. C'est un puissant porte-bonheur pour les personnes qui ont été trompées. L'ambre vert apporte aussi espoir et charité aux personnes en difficulté à qui vous l'offrirez. Les anneaux d'ambre vert sont recherchés en ceci qu'ils permettent aux hommes âgés de retrouver l'assurance et la virilité de leurs vingt ans. En pendentif, l'ambre vert protègera des catastrophes venues du ciel.

Pris avec, pendu avec.

L'AMÉTHYSTE

Cristal de roche violet. N'a de valeur comme porte-bonheur que lorsqu'il est placé sur une bague. Ses qualités apaisantes sont sans égales pour les personnes agitées, nerveuses ou manquant d'assurance. C'est la pierre idéale pour les personnes ayant besoin de calme et de sérénité. À la vue de cette pierre, les mauvaises gens se taisent et les sorciers s'écartent.

La modestie est une parure, mais on va loin en s'en passant.

LE CORAIL

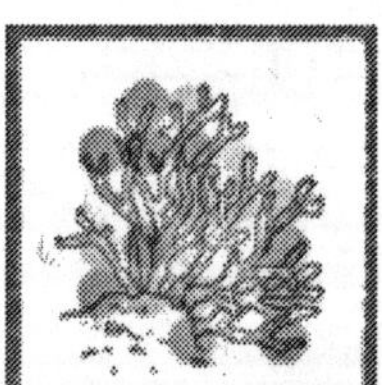

Polypier à squelette calcaire rouge ou noir dont on fait des bijoux. Certaines réalisations à base de corail sont considérées comme des œuvres d'art. On prétend que ces bijoux rendraient ceux qui les portent charitables, malheureusement cette qualité tarde à être démontrée dans bien des cas. Les amulettes de corail protègent les enfants des mauvais esprits.

On a plus aisément de l'or que de l'esprit.

LE DIAMANT

La plus dure et la plus belle des pierres précieuses, celle qui a le plus d'éclat et de brillance – pour un prix conséquent !

C'est un porte-bonheur très puissant si vos intentions sont franches et sincères. Porté ostensiblement, le diamant écarte les revenants ; hélas il risque aussi d'écarter d'humbles personnes qui vous seraient d'un grand secours si vous leur prêtiez attention. Offert à l'être aimé, le diamant parvient à faire boire celui qui n'a plus soif.

S'il y a un diamant dans la poitrine, il brille sur le visage.

L'ÉMERAUDE

Pierre précieuse verte et très dure. Nombreux succès garantis si un proche vous l'offre. Porte-bonheur des personnes ayant des problèmes de mémoire. Les bijoux à base d'émeraudes auraient des vertus protectrices contre la fièvre des voyages. Pierre de justice, elle aide le plaideur sincère quand la loi prend le pas sur la morale et autorise l'iniquité.

Les trésors acquis par le crime ne profitent pas.

LE GALET PERCÉ

Caillou percé poli et arrondi par la mer. Cherchez bien sur la plage, en particulier si vous avez des difficultés à trouver le sommeil ou le repos. Caillou percé vaut sommeil.

Les cailloux percés artificiellement sont faciles à trouver dans les magasins de souvenirs : sans aucun pouvoir, ces gadgets s'avèrent inutiles ; gardez votre argent et rendez-vous sur la grève.

Tout vient de la terre et tout y retourne.

LE GRENAT

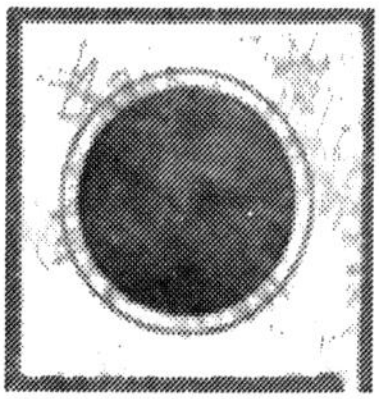

Pierre dont la couleur varie suivant l'origine. Le grenat utilisé en bijouterie est généralement rouge, mais des variétés noires et jaunes sont aussi utilisées. Ces tonalités sont déconseillées aux femmes qui tiennent à leur mari. Le grenat rouge peut donner un charme envoûtant à une femme brune. Le grenat a, pour les hommes, des propriétés apaisantes.

Les présents brisent les rocs.

L'ONYX

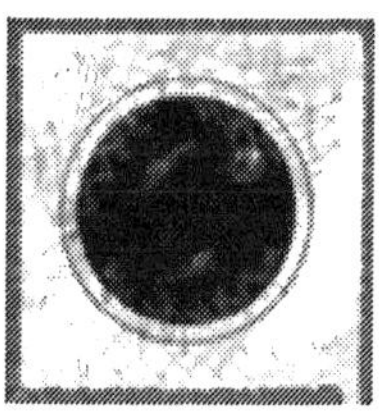

Variété d'agate noire intense ou blanche utilisée pour réaliser des camées ou des bagues. C'est le symbole des personnes responsables et sûres d'elles-mêmes. Très prisée des hommes, c'est une des rares pierres qu'ils peuvent arborer sans crainte. Posé sur une bague, l'onyx repousse les revenants et inspire crainte aux esprits faibles.

Les joyaux sont les orateurs de l'amour.

L'OPALE

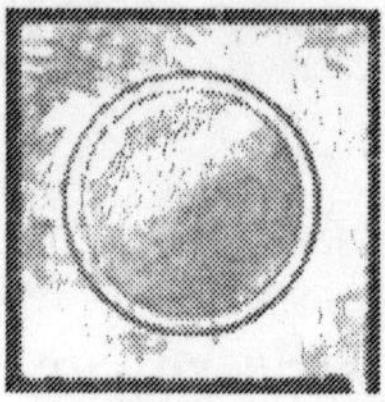

Pierre dont la couleur varie suivant l'origine. L'utilisation de l'opale comme porte-bonheur est controversée. Dans certaines régions, cette pierre a la réputation de porter malheur. Si vous la trouvez sur un bijou d'occasion, la prudence veut que vous preniez des renseignements sur son ancien propriétaire – ce qui peut être assez compliqué !

L'opale éloigne les aigrefins et les traîtres, qui craignent ses pouvoirs négatifs. Elle porterait chance aux femmes de petite taille.

L'homme porte son destin attaché à son cou.

LES PERLES

Boules de nacre que l'on trouve à l'intérieur de certaines huîtres. Aucun effet positif particulier à en attendre, mais elles sont sans pareil pour mettre en exergue la beauté féminine. La rumeur veut que la perle, si elle est devenue jaunie, porte malheur ; cette réputation est sans fondements. Les perles dissoutes dans le vinaigre n'ont aucune vertu magique.

La perle est sans valeur dans sa propre coquille.

LE RUBIS

Pierre précieuse transparente, rouge. Ce talisman très favorable laisse parfois apercevoir en son cœur une étoile à six branches (c'est une illusion d'optique). Voilà un remède miracle contre la timidité. Sa puissance est inestimable si le bijou est très ancien. Dans l'Antiquité, le rubis avait la réputation de faire fuir les dragons. Le bijou en rubis protège les enfants. Un rubis ne doit pas se céder, sous aucun prétexte.

La rougeur est la couleur de la vertu.

LE SAPHIR

Pierre précieuse, d'un bleu transparent. C'est le porte-bonheur des couples fidèles et sans histoires. Le saphir n'a pas besoin d'être porté pour influencer positivement son possesseur. Il peut être conservé dans une boîte, au sein du logis, et rendre les services que l'on en attend. Pierre des commerçants, elle permet de faire des affaires en se fiant à son intuition et à ses sentiments.

Si une gemme brute n'est pas utile, le jade poli devient précieux.

LA TURQUOISE

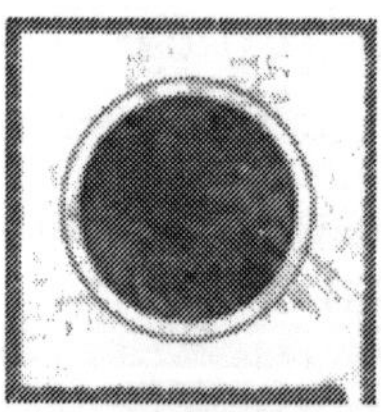

Pierre dont la couleur varie du vert au bleu, suivant l'origine. La variété porte-bonheur – à préférer aux autres tonalités – est la bleue. C'est la pierre préférée des fiancés sincères. Attention : la turquoise bleue peut, dans certaines circonstances, devenir terne et verte et perdre, par là-même, son pouvoir bénéfique. Pierre des marins, elle protège de la tempête et du mauvais œil.

Fille fiancée n'est pas mariée.

LES PERSONNES PORTE-BONHEUR

Si certains animaux, certaines plantes et certaines pierres sont d'excellents porte-bonheur, les personnes que l'on côtoie le sont aussi, ou peuvent à l'usage le devenir.

Ainsi, un avocat Belfortain a-t-il établi, après quarante années d'expérience professionnelle, une statistique concernant les affinités de centaines de personnes dont il avait eu à défendre la cause, honorable ou non. À son départ en retraite, il passa plusieurs mois à répertorier toutes les affaires présentes dans ses archives. Divorces, querelles de voisinage, héritages litigieux, tout y passa. Bien qu'il fût cartésien, catholique et bon père de famille, il dut admettre, au fil de ses classements, que le meilleur moyen de définir les hommes et les femmes par affinité revenait à comparer leurs dates de naissance. De là à lier ces résultats aux signes du zodiaque, le pas fut vite franchi, au grand désespoir de ses pairs et de son curé.

Voici donc le résultat de ses recherches, dont il a autorisé la publication à la condition de conserver l'anonymat.

Évidemment, il ne s'agit que de statistiques parcellaires, matière bien trop fragile pour dévoiler la véritable nature humaine. Mais, si vous vous livrez à quelques tests concernant votre entourage, vous découvrirez sûrement que notre ami l'avocat n'est guère éloigné de la vérité.

Le tableau est lisible dans les deux sens, on distingue très nettement, les personnes qui vous porteront chance et celles dont ce n'est, a priori, pas la destinée.

	Bélier	Taureau	Gémeaux	Cancer	Lion	Vierge	Balance	Scorpion	Sagittaire	Capricorne	Verseau	Poissons
Bélier	♥		♥		♥				♥			
Taureau		♥		♥					♥	♥		♥
Gémeaux	♥		♥								♥	
Cancer		♥		♥	♥	♥		♥				♥
Lion	♥			♥	♥		♥		♥	♥		♥
Vierge				♥		♥		♥		♥		
Balance					♥		♥		♥		♥	
Scorpion				♥		♥		♥	♥	♥		♥
Sagittaire	♥	♥			♥		♥	♥	♥		♥	
Capricorne		♥			♥	♥		♥		♥		♥
Verseau			♥				♥		♥		♥	♥
Poissons		♥		♥	♥			♥		♥	♥	♥

LE BERGER

La vie au milieu des moutons porte à la connaissance du Berger des dispositions surnaturelles qui vous porteront chance, à condition de ne pas lui manquer de respect. Suivre ses conseils donne souvent de bons résultats. Inviter le Berger à sa table porte bonheur au marché et dans le potager. Se signer lorsque l'on a croisé un berger inconnu n'est jamais superflu.

Berger qui vante le loup n'aime pas les moutons.

LE BOHÉMIEN

Vagabond, camelot, diseur de bonne aventure, il tire les cartes et lit les lignes de la main. Pour qu'il porte bonheur, il est d'usage de lui donner une pièce en échange de ses conseils. Les Bohémiens obéissent à leurs propres lois, mais ce sont souvent de braves gens.

Le vagabond hors de sa ville devient roi.

LE BOUDDHA

Surnom du fondateur du bouddhisme parvenu, d'après ses disciples, à la patience et la connaissance universelles. Ses représentations (statues, amulettes, etc.) sont un remède connu contre les soucis d'argent. Les statuettes représentant Bouddha sont efficaces lorsqu'elles sont réalisées à même le bois ou la pierre, et si vous avez la sagesse de partager les bénéfices de ses bienfaits.

Bouddha lui-même a besoin de cloches.

LE CONJOINT

Le conjoint est un porte-bonheur dont il faut prendre soin. À cette condition, il vous rendra la vie agréable et facile – pour peu que vous ayez fait le bon choix !

Le conjoint augmente la richesse matérielle et spirituelle du couple. Porter sa bague de mariage apporte repos et félicité. Un conjoint qui se lève de bonne humeur chasse les opportuns aussi sûrement qu'un chien.

Si l'on a un conjoint, c'est pour le regarder.

LE FANTÔME (REVENANT)

Ne craignez pas les morts, ils vous feront moins de mal que les vivants. Les personnes décédées sont parfois visibles sous forme de fantômes ou de spectres appelés revenants. Si votre demeure possède un fantôme, sachez qu'il vous portera chance, à moins que vous ne détruisiez un mur, ou que vous vous sépariez d'un tableau ayant séjourné plus de cinquante ans dans les lieux. Le fantôme est condamné à errer dans un périmètre défini pendant un temps non défini, alors soyez patients.

Le vrai tombeau est dans le cœur des hommes.

L'HOMME D'ÉGLISE

Vous devez les respecter, que vous soyez ou non croyants. L'homme d'église ayant, par nature, fait des sacrifices, il vous portera chance si vous lui accordez l'hospitalité. Si sa religion n'est pas la vôtre, vous serez favorisé pour avoir fait preuve de tolérance et de charité. Toutes les religions sont honorables lorsqu'elles sont professées par d'honnêtes gens.

La soutane préserve la doublure.

LE REBOUTEUX

Les guérisseurs ont connaissance de secrets et de recettes mystérieuses qui en font des adversaires redoutables. La raison et la sagesse veulent donc que vous les respectiez. Ceci ne vous oblige ni à les consulter, ni à les croire, et encore moins à suivre aveuglément leurs préceptes. Ces remarques ne concernent pas le corps médical officiel. Avoir un ami rebouteux éloigne du mauvais œil, à condition de ne pas suivre son chemin.

Les médecins laissent mourir, les charlatans tuent.

LES ROIS MAGES

Melchior, Gaspard et Balthazar, guidés par leur étoile, sont les porte-bonheur des personnes qui souhaitent le retour d'un proche, qu'ils soient ou non croyants. Les représentations des rois mages, sous formes de santons, sont très efficaces – en particulier durant les 21 jours qui suivent Noël. Ils apportent richesse et sérénité au foyer.

La fermeté chez un roi s'appelle l'entêtement chez un âne.

LES AUTRES PORTE-BONHEUR

Dans ce chapitre, nous avons fait le choix de placer tout ce qui n'était pas dans les catégories précédentes (animaux, végétaux, minéraux et personnes). Dans la pratique, nous aurions pu multiplier le nombre par dix. Cependant, afin de ne pas embrouiller ceux qui nous feront l'honneur de nous lire, nous sommes-nous cantonnés aux porte-bonheur les plus populaires.

Volontairement, nous avons « oublié » de parler des vêtements ; cependant, notre enquête a prouvé à maintes reprises que, pour certaines personnes, ceux-ci ont énormément d'importance. Ainsi, tel commerçant ne conclura-t-il jamais une affaire s'il n'a préalablement endossé une chemise blanche. Telle dame ne partira jamais en voyage sans avoir coiffé son horrible chapeau vert.

A priori, on ne comprend pas en quoi une chemise ou un chapeau peuvent porter bonheur. Mais en interrogeant ces personnes, on découvre que ces vêtements font partie d'un rituel qui revient à répéter une expérience heureuse. À l'origine, le commerçant a conclu plusieurs bonnes affaires alors qu'il portait une chemise blanche et notre dame a visité sans encombre plusieurs pays étrangers coiffée de son chapeau de feutre. À partir de là, tous deux pensent, à juste raison, que la chemise ou le chapeau leur ont porté chance. Et comme pour réussir quelque chose il faut avant tout croire en sa bonne étoile, le commerçant continue de faire de bonnes affaires et la dame voyage en toute quiétude...

L'AMULETTE (GRIGRI)

Petit objet qu'on porte sur soi avec l'idée superstitieuse qu'il préserve des maladies, dangers, maléfices. Dans certaines régions, ces objets sont aussi appelés Grigris. Trop souvent, des individus dénués de scrupules abusent de la crédulité publique en commercialisant de fausses amulettes, et de faux espoirs. Aussi est-il conseillé de l'accepter en cadeau, mais d'en refuser l'achat. Comme il n'y a pas deux amulettes identiques, il n'est pas possible d'en définir un usage universel. Le fait de porter une amulette implique que vous en acceptiez les conséquences.

À chaque saint sa chandelle.

L'ANNEAU SACRÉ

Anneau sur lequel sont gravés des signes consacrés, auxquels on attribue des vertus magiques de protection, de pouvoir. L'anneau sacré doit être porté à l'annulaire. Certains guérisseurs soignent leurs patients par simple toucher d'un anneau sacré. Des paroles magiques peuvent être gravées à l'intérieur ou à l'extérieur de l'anneau. Il est recommandé de bien assimiler le mode d'emploi de tels talismans avant usage.

Ne mets pas ton doigt en anneau trop étroit.

LA BAGUE

Une bague portera bonheur lorsqu'elle a été offerte en public. Les bagues anciennes sont très recherchées. Si la bague porte une pierre, se reporter à la section correspondante de ce livre. Portées à l'annulaire, certaines bagues sont des signes de reconnaissance dans les loges, associations secrètes et familles anciennes.

Sa puissance sera multipliée si elle est passée dans les mains d'un homme d'église.

Je ne trouve rien si cher que ce qui m'est donné.

LA BAGUETTE DE SOURCIER

Bâton mince et fourchu de coudrier (noisetier) permettant de trouver les sources cachées (la baguette s'agite en présence de l'eau). Il existe d'autres baguettes permettant de trouver des trésors ou des personnes disparues, mais elles sont réservées aux seules fées et enchanteurs.

Si l'on veut vous vendre une baguette magique, la prudence s'impose : vous avez sûrement affaire à un charlatan.

La patience aplanit les montagnes.

LE BRACELET SEMAINIER

Le bracelet semainier est ordinairement sans charnière car on ne le quitte jamais. Il est orné de symboles, différents selon les personnes, les cultures et les croyances. Son influence étant directement liée à sa conception, il faut se reporter aux porte-bonheur qui le constituent pour en apprécier l'influence et les qualités. Si le bracelet vient à se casser, il est préférable de s'en séparer définitivement.

Il y a sous le ciel un temps pour tout.

LE CADENAS

Petite serrure mobile. Voici un talisman utile, car ses représentations en métaux précieux allongent considérablement l'espérance de vie.

En or, même de très petite taille, c'est un porte-bonheur efficace. Parfois le cadenas est considéré, à tort, comme un symbole de chasteté et de richesse. Il existe des cadenas magiques, chargés de préserver l'eau des puits même durant les pires sécheresses.

Un coffre-fort enferme en ses flancs Dieu lui-même.

LA CHANDELLE

Pour retrouver la chance, si elle s'est éloignée de vous, allumez-en une ou plusieurs (un nombre pair de préférence), à la tombée du jour. Autrefois, on la fabriquait à l'aide de suif et de mèche faite de vieux tissus. La chandelle allumée favorise les visites et améliore les contacts avec le voisinage. Si vous devez dormir à la belle étoile, la chandelle éloignera les mauvais esprits et vous évitera les cauchemars.

À chaque saint sa chandelle.

LE CHIFFRE 13

Pas de règle précise pour le chiffre treize, porte-veine pour certains, porte-guigne pour d'autres. À vous de tenter l'expérience et d'en tirer vos conclusions. Lorsque vous aurez découvert si son influence est bonne ou non à votre endroit, pensez-y lorsque vous le rencontrerez, en particulier au jeu ou chez un notaire. Une exception : à table évitez d'être treize, sauf un vendredi treize. Et ce jour-là, n'hésitez pas à jouer.

Les dieux aiment les nombres impairs.

LE CHIFFRE 21

Porte-bonheur universel. Vous rencontrerez peu de personnes qui vous contrediront, à l'exception de celles nées un 21. C'est le chiffre des hommes raisonnables et matures. Les joueurs aiment à s'entourer du chiffre 21. Toutefois, si vous tenez à votre argent, nous ne saurions trop vous conseiller de ne point jouer du tout.

Toutes les bonnes choses vont par trois.

LA CORNE D'ABONDANCE

Souvent remplie d'or et d'argent, elle est le porte-bonheur des personnes qui privilégient la réussite sociale, l'argent, la gloire... Très populaire, son influence est reconnue dans tout le sud de la France. Elle peut être portée sous forme de bijou ou accrochée aux murs de votre maison. Ses représentations sous forme de petits pendentifs en bois précieux sont très puissantes et peu coûteuses.

Abondance de biens ne nuit pas !

LA CROIX

Réalisée par hasard, ce n'est pas un bon présage. Réalisée volontairement, c'est une panacée... Il est cependant déconseillé aux personnes n'ayant pas la foi de vouloir la porter en guise de porte-bonheur. Si vous n'êtes pas croyant, il est permis de l'accrocher aux murs de votre maison. Elle apporte calme et sérénité aux occupants du foyer.

Tous ne sont pas saints qui vont à l'église.

LA CROIX CATHARE

La croix Cathare, appelée également croix égyptienne, a la réputation étrange de combler les lacunes du destin. C'est un bon porte-bonheur pour les personnes âgées. Elle apporte un peu d'insouciance et de folie aux personnes trop raisonnables. En or ou en argent, son influence stagne. En bois précieux, comme l'ébène par exemple, son influence sera très puissante et ses bienfaits surprenants.

Qui à sa porte n'a pas sa croix, l'aura à sa fenêtre.

L'ÉTOILE

L'étoile est depuis toujours un porte-bonheur efficace, reconnu et sans prétentions. Pour certains, c'est un symbole religieux très fort. On dit des gens chanceux qu'ils sont nés sous une bonne étoile... mais n'oublions jamais que l'avenir sera ce que nous en ferons.

Faire un vœu à la vue d'une étoile filante n'est jamais inutile, surtout si l'on touche une pièce de monnaie dans les secondes qui suivent.

Si l'éclat des étoiles doublait, l'univers serait alors ténébreux.

L'ÉVENTAIL

Petit écran portatif qui se déploie, et avec lequel on s'évente. En pendentif, il améliore grandement le pouvoir de séduction des femmes mûres. Lorsqu'une très jeune femme utilise un éventail, celui-ci lui apporte assurance et confiance en soi.

L'éventail perd tout son pouvoir posé sur un meuble, ou accroché à un mur en guise de décoration.

La marchande d'éventails s'évente avec les mains.

LE FER À CHEVAL

Porte chance à condition d'avoir été vraiment porté par un cheval, puis perdu. Sa découverte est donc réservée aux promeneurs du dimanche. C'est le porte-bonheur favori des joueurs de toutes natures. Cependant, rappelons-le aux étourdis, le plus sûr moyen d'amasser de l'argent reste encore de travailler.

L'influence du fer à cheval sera majorée si vous êtes le premier à le toucher après que l'animal l'a perdu. Les petites représentations en métaux précieux attirent l'argent, mais repoussent l'affection.

À cheval donné, on ne regarde pas les dents.

LE FÉTICHE

Objet ou animal auquel sont attribuées des propriétés magiques et bénéfiques. De tout temps, l'homme a possédé des fétiches. En Afrique, ils sont légions. Dans nos villes, certaines associations sportives possèdent un animal fétiche, communément appelé mascotte. L'animal, qui assiste à toutes les représentations et fait partie de tous les défilés, est là pour porter chance à l'équipe. Sa présence a des vertus supposées pour attirer la victoire. Dans ces associations, avoir la charge de la mascotte est perçu comme un véritable honneur.

Bois tordu fait le feu droit.

LA FORMULE MAGIQUE

Termes consacrés pour exercer une action occulte. Dans les Iles, les adeptes du Vaudou impriment des formules protectrices sur des parchemins collés au seuil de leurs demeures. Plus près de chez nous, il n'est pas rare de trouver des maximes gravées au fronton des édifices publics. Ces phrases ne sont pas magiques au départ, mais acquièrent une telle énergie à force d'être lues qu'elles finissent par le devenir. La formule célèbre « Abracadabra » nous vient d'Orient.

Si la forte voix servait, l'âne se serait construit un palais.

LE GRIMOIRE

Dans les temps immémoriaux, le Grimoire était un livre de magie manuscrit à l'usage des sorciers. On trouve de nos jours des faux grimoires imprimés, à propos de tout et de rien. Ceux-ci ont l'avantage d'être lisibles et accessibles à tous, mais ils ont perdu l'essentiel de leurs vertus. Si vous possédez un manuscrit ancien, conservez-le précieusement et consultez-le de temps en temps, il vous apportera un peu de sa bonne influence.

L'âge présent ne vaut pas celui des aïeux.

LA HACHE

Elle coupera court aux idées négatives que nourrissent vos proches. Brodée sur vos vêtements, la hache devient un petit porte-bonheur qui apporte la reconnaissance. La hache perdra son influence bienfaitrice si vos intentions sont malhonnêtes ou le deviennent. Pendant de longues années, la hache brodée au revers d'un vêtement désignait les bourreaux...

L'ébréchure de la hache se reproduit sur l'entaille.

LA LUNE

La durée du cycle lunaire est identique au cycle menstruel de la femme. Aussi la lune est-elle symbole de fécondité. Ses représentations doivent être portées à même le corps. Concernant les rencontres parfois étranges faites les soirs de pleine lune, elles ont au moins une raison logique: c'est le soir où il y a le plus de monde dehors, puisqu'on y voit clair comme en plein jour.

Cependant, c'est aussi la nuit où l'on devient facilement irascible, et les nuits de pleine lune, les employés des asiles psychiatriques ont rarement l'autorisation de quitter leur poste. Concernant les naissances, les avis sont partagés. Nous avons étudié en détail les registres de plusieurs maternités sans pouvoir en tirer de résultats probants. De nombreux obstétriciens ou sage-femmes prétendent que les accouchements ont lieu trois jours avant la pleine lune, ou trois jours après.

La lune est à l'abri des loups.

LE CROISSANT DE LUNE

La vieille lune vous apportera calme et sérénité si vous êtes jeune. La nouvelle lune vous apportera dynamisme et vigueur si vous avez passé l'âge de la jeunesse.

La vieille lune, décroissante de la pleine lune à la nouvelle lune, a la forme d'un « C » majuscule. La nouvelle lune, croissante de la nouvelle lune à la pleine lune, a la forme d'un « D » majuscule.

Ses représentations doivent être portées à même le corps.

La lune brille, mais elle ne chauffe pas.

LA MAIN DE CORAIL

Poing fermé d'où surgissent l'index et l'auriculaire. C'est la représentation de la tête du Malin. À n'utiliser que si vous vous sentez vraiment menacés par un mauvais sort. C'est une amulette très populaire dans les pays latins. À défaut, sachez que les objets cornus ont la qualité de chasser le mauvais sort.

La main vide n'est pas leurre pour le faucon.

LA MAIN DE FATMA

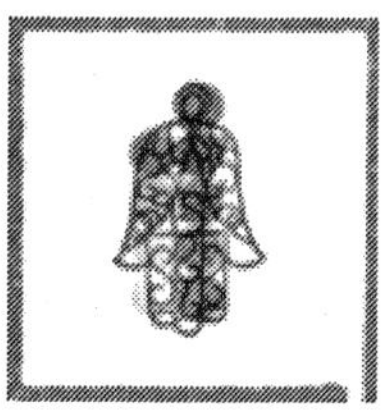

Renforce les forces vitales. C'est un puissant porte-bonheur qui donne de l'assurance et du courage. Dans les cas extrêmes, la main de Fatma protégerait des démons. Elle est extrêmement populaire dans le sud de l'Europe et dans le Maghreb. Il en existe de multiples représentations, sous formes de pendentifs et de bijoux principalement. Elle ne perd pas ses qualités lorsqu'elle fait l'objet d'une transaction.

La main est le plus sûr et le plus prompt des secours.

LA MÉDAILLE

Pièce de métal représentant un sujet. Toutes les médailles sont d'excellents porte-bonheur, en particulier si elles sont passées dans les mains d'un homme d'église. La médaille offerte aura plus d'influence que si elle est achetée.

Elle peut être portée autour du cou, du poignet, ou au revers d'un vêtement. Le métal utilisé pour sa fabrication n'a aucune importance.

Toute médaille a son revers.

LE PARFUM

De faible efficacité. Seuls les parfums naturels ont des vertus porte-bonheur. L'essence de rose est un porte-bonheur connu et efficace ; son usage est courant en Orient, sous forme de bâtonnets d'encens, et en Occident sous forme de liquide.

Le juste et le santal parfument qui les frappe.

LE PENTACLE

Talisman en forme d'étoile à cinq branches. Ce porte-bonheur apporte prospérité à son détenteur. Les véritables pentacles sont rares et d'usage délicat. En effet, pour s'épanouir, le pentacle doit être porté en permanence et ne doit jamais être touché par un tiers. C'est donc par nature le porte-bonheur des personnes solitaires, et qui désirent le rester.

Il existerait des rituels d'utilisation pour certains pentacles, mais ce sont là des rites magiques qui n'ont rien à voir avec les porte-bonheur.

Comme on connaît ses saints, on les adore.

LA PIÈCE TROUÉE

Ce porte-bonheur était le préféré de Mac-Garish, qui la portait autour du cou. Vous pouvez la placer dans votre porte-monnaie. Attention : porte-malheur si vous la perdez. Peut être donnée, mais pas perdue ni volée. C'est un porte-bonheur puissant : tôt ou tard il réclamera par conséquent son dû.

La pièce d'argent est la plus efficace. La pièce d'or a quelques adeptes, mais son efficacité semble en fait moindre.

La pièce d'argent est ronde, pour rouler.

LE PORTE-MONNAIE ANCIEN

S'il a plus de 30 ans et contient une pièce d'argent de l'année de votre naissance, il augmentera considérablement votre espérance de vie. Le porte-monnaie ancien est un antidote radical pour conjurer le sort, si quelqu'un a déposé du sel devant votre maison en souhaitant que vous tombiez malade.

Il n'est pas besoin de le porter sur soi, mais vous devez le ranger de telle façon qu'il vous sera possible de l'apercevoir au moins une fois par semaine.

Belle fille n'a pas besoin de bourse.

LE SIGNE DU ZODIAQUE

Le Zodiaque est une zone du ciel partagée en 12 constellations qui correspondent chacune à un signe. En Occident les signes du Zodiaque sont appelés Ariès, Taurus, Gemini Cancer, Leo, Virgo, Libra, Scorpio, Sagittarus et Capricornus. En France, chacun connaît le signe sous lequel il est né. En Chine, ils portent des noms d'animaux, le rat, le bœuf, le tigre, le lièvre, le dragon, le serpent, le cheval, la brebis, le singe, la poule, le chien et le porc. Porter ostensiblement une représentation de son signe améliore la confiance en soi, mais risque d'éloigner les personnes de bonne foi.

Demande au ciel une bonne récolte mais continue à labourer.

LA STATUETTE

Petite figure sculptée, en pied et en relief. Le choix de votre statuette dépend de votre éducation et de vos croyances. Autrefois, une niche était aménagée dans le mur de certaines maisons pour y placer la statuette d'un saint protecteur et bienveillant. Aujourd'hui, on trouve un grand nombre de statuettes représentant, entre autres, des Saints, des anges ou des divinités païennes. Ses qualités dépendront de la figure représentée et de la façon dont celle-ci aura été réalisée.

La glaise ne devient terre à mouler qu'après avoir été pétrie.

LE TALISMAN

Objets, images fabriqués rituellement pour conférer une action protectrice. Le plus connu est le Pentacle, qui se présente sous forme d'une étoile. Le Talisman se trouve à la limite des pratiques magiques et ésotériques. Un talisman ne doit ni être vendu ni acheté. L'usage d'un talisman ménage souvent d'incroyables surprises, car sa puissance peut être énorme et en surprend plus d'un.

Dieu n'aime point ceux qui hésitent.

LE TAQUET

Mobile en bois que l'on accroche sous l'appentis. Le murmure du taquet repousse les mauvais esprits portés par le vent. D'après la légende, les esprits se manifestent au travers d'un souffle démoniaque qui se traduit par une apparition soudaine de coups de vent.

Il n'y a que Satan qui ait perdu tout espoir.

LA TUILE AUX LOUPS

Tuile taillée de façon à émettre un sifflement dès que le vent se lève. Lorsque les bêtes sauvages approchent des demeures par mauvais temps, ce bruit les éloigne. Mais autrement plus surprenant est le fait que ce sifflement, à peine audible pour l'oreille humaine, repousse aussi les mauvais esprits qui maraudent alentour.

Les coups de bâton d'un dieu font honneur à qui les endure.

QUELQUES HISTOIRES DE PORTE-BONHEUR

A priori ces récits, ou devrions-nous dire, ces rapports, ont été récoltés en France pour le compte de l'Institut Mac-Garish. Le nom des personnes interrogées et la région concernée étaient indiqués en introduction. L'identité de la rédactrice demeure inconnue à ce jour.

À l'ouverture du coffret, les cinq récits étaient placés dans une enveloppe séparée du guide. Quatre citent un porte-bonheur parfaitement identifié. Le cinquième parle d'un objet porté par un vieux professeur, sans en révéler la nature.

À défaut d'autres indications, nous avons fait le choix d'inclure ces récits afin que le lecteur prenne connaissance de tous les éléments découverts en août 2000.

LE BOUDDHA DU BOIS-JOLI

Reims, 23 mars 1913
Récit rapporté par Madame Claude Guichard.

L'homme n'avait pas menti.

Le manoir du Bois-Joli était accueillant. Il y était entré quelques heures plus tôt par le sous-sol, grâce à l'unique clef que possédait l'agence immobilière. C'était une journée d'été, chaude dès le lever du soleil, et il avait été agréablement surpris par la fraîcheur des lieux, en pénétrant dans la maison.

À droite de la porte du sous-sol, un escalier en colimaçon permettait d'accéder à une cave creusée à même le sol. Les murs en terre, étayés par quelques poutres, étaient tapissés de casiers où gisaient des bouteilles vides. Il estima que la cave se trouvait enterrée de cinq mètres par rapport au terrain, et l'odeur du vin imprégnait encore les murs. En haut, le même escalier permettait d'accéder au rez-de-chaussée, qu'il visita rapidement. Arrivé à l'étage, il comprit pourquoi la maison, de taille pourtant modeste, possédait trois cheminées. Chaque chambre était équipée d'un foyer ouvert, décoré de plaques de marbre de couleur différente. Jouxtant chaque pièce, un petit cabinet de toilette ajoutait à l'impression de confort de l'ensemble. Voulant accéder au grenier, il constata qu'il n'y avait pas d'escalier. Une trappe d'accès existait, découpée dans le plafond du couloir desservant les chambres, mais il ne trouva rien à proximité pour y monter. Décidé à tout visiter, il confectionna une échelle de fortune et se hissa sous les tuiles. La chaleur était à peine supportable. Un oculus éclairait faiblement l'immense grenier qui était vide, à l'exception de quelques revues posées à même le plancher et d'une statuette posée sur le rebord de la petite fenêtre ronde. La statuette en bois sculpté représentait Bouddha et semblait observer la ferme voisine bâtie au flanc d'une colline. Voulant s'en saisir, il constata qu'elle était fixée au cadre de bois de la fenêtre. Du plat de la main, il cassa net la cheville de bois qui la retenait. Sans penser à mal, il prit le Bouddha et continua sa visite. Pendant la semaine qu'il passa à Dôle, il visita d'autres maisons, puis finalement, s'en retourna à Paris sans avoir fait affaire.

Quatre ans plus tard, de retour dans la région, il eut l'occasion de rencontrer l'homme de l'agence qui lui conta une étrange histoire.

Quelques jours après sa précédente visite, l'ancien propriétaire du manoir lui avait adressé une lettre, expliquant qu'il était à la recherche d'une statuette orientale égarée lors de son départ. L'homme de l'agence était retourné au manoir et avait examiné chaque recoin, mais mis à part quelques objets sans valeur, les lieux étaient vides. Lorsqu'il eut connaissance de cette recherche infructueuse, l'ancien propriétaire envoya une seconde lettre précisant que le Bouddha avait été reçu en cadeau d'un village indien où ces statuettes étaient vénérées pour leurs vertus protectrices.

Le visiteur ne dit à personne qu'il avait gardé le Bouddha. Mais dès le lendemain, il se rendit au Bois-Joli. Le manoir était à présent habité, et rien n'avait changé. Ou plutôt si ; une chose avait changé. À l'horizon, la ferme au pied de la colline avait disparu et à sa place se dressait un immense tas de pierres noircies, reste d'un ancien incendie.

De retour chez lui, il emballa précieusement la statuette et la fit envoyer par porteur spécial au propriétaire de la ferme incendiée, sans oublier d'y joindre une longue lettre de recommandations.

LA BAGUE DE MAURICE CHAUDRON

Besançon, 30 juillet 1913
Récit rapporté par Madame Nicole Quarante

Les problèmes rencontrés par Maurice Chaudron sont consécutifs à la perte d'une bague qui lui venait de sa grand-mère.

Le 2 novembre dernier, une de ses vaches ayant des difficultés à mettre bas, Chaudron fit chercher le vétérinaire. Celui-ci étant absent, il dut descendre à l'étable et mettre la main à la pâte, car la nature ne pouvait attendre. D'après les dires de sa femme, il retira alors la précieuse bague et la rangea. Après plusieurs heures d'un dur labeur, un veau de quarante livres vit le jour.

Comme il se faisait tard, Chaudron et sa femme, fourbus mais soulagés, se couchèrent. Le lendemain matin, lorsque Chaudron s'inquiéta de sa bague, celle-ci resta introuvable.

Pendant plusieurs jours, le mari n'eut de cesse de retrouver le bijou. La chambre fut passée au peigne fin. Puis ce fut le tour des autres pièces et enfin de l'étable. On alla même jusqu'à retirer certaines lattes du plancher ajouré où elle aurait pu glisser, mais en vain. Pour ne rien arranger, Chaudron se brûla sévèrement la main gauche alors qu'il essayait de déplacer la cuisinière à bois qui trônait au fond de la cuisine. Comme sa femme s'en servait chaque vendredi pour chauffer la lessiveuse, le mari s'imagina que la bague, mélangée au linge sale avait pu disparaître derrière l'imposante masse de fonte. Résultat, rien ne se trouvait caché là, ni ailleurs du reste, mais cette blessure fut pour Maurice Chaudron le début d'une incroyable série noire.

Le 5 janvier, soit deux mois à peine après la perte de sa bague, Maurice Chaudron décédait d'une embolie pulmonaire. Deux jours plus tard, alors qu'elle revêtait son mari de son costume du dimanche, avant la mise en bière, sa femme découvrit avec stupeur le bijou tant recherché dans la poche droite de son veston...

LES CONSEILS DU PÈRE PLUVIEUX

Le Mans, 13 novembre 1913
Récit rapporté par Mademoiselle Annie Bouttier.

Comme vous me l'aviez demandé, j'ai rencontré le professeur Ernest Pluvieux mardi dernier. Il s'est livré devant moi à un monologue que je vais essayer de vous retranscrire le plus fidèlement possible. Hélas, impressionnée par la réputation du vieil homme, j'ai, à plusieurs reprises, omis de prendre des notes.

« Vous parlez dans votre lettre d'expérience et de maturité qui grandissent avec l'âge. Apprenez que la maturité est toute relative. Certaines personnes sont dites "matures" à quinze ans, d'autres à trente, d'autres à quarante, enfin certaines, jamais ! La maturité est indépendante du niveau de vie et de l'éducation. C'est une qualité de l'esprit, pesée à travers le jugement d'autrui. Le banquier qui, à cinquante ans, s'entiche d'une jolie danseuse n'est pas plus mature que l'artiste de vingt qui n'accepte aucun compromis.

Je ne considère pas comme une démarche immature le fait de porter sur soi un objet porte-bonheur. En soixante et un ans, et j'ai eu l'occasion de faire de nombreuses rencontres. Si j'ai souvent fait "bonne impression" c'est en partie, je le crois du moins, grâce à mon porte-bonheur. Serait-il efficace porté par d'autres ? Je n'en ai pas la moindre idée. Mais dans la mesure où j'ai toujours eu confiance en son influence, il a été efficace envers mon humble personne.

J'ai su très tôt que la première rencontre était décisive. Mon père disait que l'on n'a jamais une seconde chance de faire "bonne impression". Alors, quand je devais rencontrer quelqu'un pour la première fois, je soignais mon allure en restant naturel – jamais d'habits neufs, pas de coiffeur la veille – et enfin, j'ai toujours mis un point d'honneur à arriver à l'heure. À vingt ans, je me rendais utile dans bien des domaines, mais je n'avais aucun véritable don. Plus tard, au fil des rencontres et des opportunités, j'ai eu la chance de côtoyer des personnes qui ont eu la gentillesse de m'indiquer la voie à suivre et les étapes à respecter.

Au fil des rencontres, j'ai constaté qu'environ neuf individus sur dix m'inspiraient confiance. Ce qui ne m'a pas empêché d'être "poli" avec tous. Si vous constatez, dans votre entourage, que le pourcentage des individus "antipathiques" dépasse vingt pour cent, et sauf circonstances exceptionnelles, il est nécessaire de revoir votre jugement.

Si le pourcentage dépasse cinquante pour cent, c'est vous qui avez un problème, à moins que vous ne viviez au voisinage d'une prison ou d'un tribunal !

Trouver quelqu'un antipathique, c'est penser a priori qu'il représente une menace. Or, moins vous aurez confiance en vous, plus vous vous sentirez menacé par des gens inoffensifs en réalité.

Lorsque l'on vous demande votre avis sur quelqu'un, mettez toujours en avant ses qualités. D'autres se chargeront, sans qu'on les presse ardemment, de parler de ses défauts. Avec l'expérience, vous apprendrez que critiquer autrui est un exercice facile, mais jamais positif. Néanmoins, que cela ne vous empêche pas d'avoir votre opinion.

Autrefois, j'avais des difficultés à prendre des décisions. Avec le temps, et après plusieurs échecs successifs, je me suis rendu compte – et l'adage populaire ne se trompe pas là-dessus – que la première intuition était souvent la bonne.

Lorsque que je dispose de temps, je n'hésite pas, bien entendu, à consulter mon entourage. Les avis divergent, mais tous m'apportent des remarques ou des idées auxquelles je n'aurais pas songé naturellement, ce qui rend ma décision finale beaucoup plus aisée.

Ma femme Clotilde a eu trois enfants. À leur majorité, j'ai remis à chacun d'eux un exemplaire de mon porte-bonheur, en leur recommandant de le porter en toute occasion. Clotilde, qui est une catholique pratiquante, a désapprouvé mon geste, mais l'a très vite oublié. Depuis, nos enfants se sont mariés et je pense qu'ils sont heureux. Mais aucun ne m'a jamais reparlé de son porte-bonheur. »

LA FEMME DU CAPITAINE HONEY

La Ciotat, 18 août 1913
Récit rapporté par Monsieur Maxime Clerc

La femme du Capitaine Honey avait séjourné dans tous les hôpitaux psychiatriques de la région. Et pourtant, ce soir-là, les ivrognes tassés autour du bar l'écoutaient dans un silence quasi religieux. Le Capitaine était mort la veille, laissant à la pauvre femme quelques dettes et un tripot, coincé entre une mercerie et un hôtel de passe.

Pendant vingt ans, elle l'avait accompagné dans ses voyages et pérégrinations, abusant plus souvent qu'à son tour d'alcool et de substances illégales venues de l'Orient mystérieux. En 1904, ils avaient fait l'acquisition de ce bar, et ce soir, pour la première fois, voilà qu'elle faisait la conversation aux clients.

« On m'a souvent enfermé, disait-elle. La police pense que je suis folle et la prochaine fois qu'ils m'embarqueront, le Capitaine ne sera pas là pour me faire sortir. Mais demain, je mettrai la bague. Le Capitaine l'a promis, avec la bague, je n'irai plus en prison et ne serai plus malade. »

De l'autre côté du bar, les ivrognes hilares voulurent en savoir davantage.

« Sur son lit de mort, le Capitaine m'a demandé de ne pas sortir avant l'arrivée du paquebot "Juliet

Princess". Maître Palier est à bord, et c'est lui qui m'apportera la bague. Le Capitaine était un homme prévoyant, la bague a été payée en son temps et Maître Palier est un homme de confiance. »

Vers deux heures du matin, la troupe des poivrots se dissipa. À l'exception de la tenancière, tous étaient persuadés que le bar changerait bientôt de propriétaire...

Le lendemain soir, madame Honey portait effectivement un bijou à l'annulaire droit, elle qui depuis son mariage s'était contentée d'une alliance en argent.

Durant les semaines qui suivirent, la maréchaussée effectua de nombreuses rondes autour du bar, prête à intervenir si d'aventure la « folle du bar », comme on l'appelait avant, importunait les honnêtes gens. Mais, à la surprise générale, on dut admettre que madame Honey était devenue une personne calme et sereine, ce qu'elle n'avait jamais été.

Quinze ans plus tard, elle s'éteignit. Ses enfants vendirent le bar, et l'enterrèrent à côté du Capitaine. De la mort de son mari ou de la bague, personne ne sut jamais ce qui l'avait arrachée à sa douce folie ordinaire. Mais durant les quinze dernières années de son existence, la femme du Capitaine n'avait jamais retiré une seule fois la bague où brillait une magnifique améthyste...

LE TRÈFLE DE LA MAISON FERRAIN

Tourcoing, 12 février 1910
Récit rapporté par
Mesdemoiselles Martine et Marie-Christine Guittet

La maison Ferrain se dressait fièrement au numéro 8 du boulevard des Lilas. Les badauds qui passaient le long du large trottoir n'en apercevaient que le toit imposant, et seuls quelques voisins savaient que la propriété se dégradait peu à peu, laissée à l'abandon depuis plus de dix ans. Protégée par un haut mur et par une lourde porte de fer, la propriété n'avait encore jamais été visitée par un cambrioleur.

Roger Besac, monte-en-l'air de profession, aigrefin parfois, et faux-monnayeur à ses heures, atterrit au-delà du mur d'enceinte vers quatre heures du matin. Impressionné par l'allure majestueuse de la maison, il resta à l'affût cinq bonnes minutes, prêt à rebrousser chemin. Puis, soulagé de n'avoir déclenché aucun aboiement, ni aucun cri, il déposa son déguisement de ramoneur au pied de l'échelle de bois noirâtre qui lui avait permis de pénétrer si facilement dans la place.

Les vingt mètres qu'il dut parcourir à pas feutrés pour rejoindre l'allée principale suffirent pour qu'il comprenne que la maison était désormais inhabitée.

L'ancienne pelouse s'était transformée en un épais tapis, dense et humide, qui le faisait trébucher à chaque pas. Par endroits, l'allée de graviers gris disparaissait sous la végétation.

Il pénétra dans la maison en brisant d'un coup sec la vitre d'un soupirail qui donnait dans la cave à charbon. Une fois dans l'appartement, il fut surpris par le silence des lieux. Ses pas étaient inaudibles sur l'épaisse moquette tissée qui recouvrait le plancher.

Le jour se levait doucement et, mis à part quelques bibelots déjà rangés dans un sac de cuir noir, il désespérait de trouver quelque objet de valeur.

Il y avait bien des tableaux, mais c'étaient pour la plupart des portraits de famille faciles à identifier, et qui l'enverraient bien vite en prison.

Quant aux autres toiles, elles étaient bien trop grandes pour être enlevées par un homme seul.

Comme il visitait les chambres du dernier étage, il fut bientôt arrêté dans ses investigations par une porte close.

D'un coup d'épaule assuré, il fit sauter le verrou vermoulu et se retrouva alors dans une minuscule pièce dépourvue de fenêtre.

Il alluma prestement sa lampe à pétrole et distingua l'unique meuble posé au centre la pièce, un coffre-fort Voltum de bonne taille.

Malgré l'heure avancée, il déballa ses outils sur le sol et entreprit calmement d'en forcer la serrure.

Une heure plus tard, la porte du coffre cédait.

À l'intérieur se trouvaient un petit sac de toile grise, une pile de dossiers et quelques pièces d'or qui glissèrent immédiatement au fond de sa poche. Le sac de toile, à sa grande surprise contenait quelques poignées de graines effilées. Intrigué, il s'en empara et décida qu'il était temps de quitter la maison.

Dehors, le soleil réchauffait doucement la ville qui s'éveillait. Curieux de nature, Roger Besac planta quelques graines de son précieux butin dans une jardinière dès son retour à la maison. Au bout de deux semaines, il vit pointer de minuscules tiges vertes qui ressemblaient fort à de l'herbe.

Comme il devait s'absenter, il repiqua le tout dans son jardin avant son départ.

C'est à son retour, six semaines plus tard, qu'il fut surpris par le spectacle qui l'attendait : toutes les graines qu'il avait plantées s'étaient transformées en magnifiques trèfles à quatre feuilles.

TABLE ALPHABÉTIQUE

Impression réalisée sur CAMERON par

BUSSIÈRE CAMEDAN IMPRIMERIES

GROUPE CPI

à Saint-Amand-Montrond (Cher)
pour le compte des Éditions Grancher
en février 2004

N° d'impression : 040491/4.
Dépôt légal : février 2004.

Imprimé en France